BEI GRIN MACHT SICH IHR WISSEN BEZAHLT

AF167150

- Wir veröffentlichen Ihre Hausarbeit,
  Bachelor- und Masterarbeit

- Ihr eigenes eBook und Buch -
  weltweit in allen wichtigen Shops

- Verdienen Sie an jedem Verkauf

Jetzt bei www.GRIN.com hochladen
und kostenlos publizieren

Marketingkonzept für die Einführung einer Kinderbetreuung in einem Premium-Fitnessstudio. Marktanalyse, Marketingplanung und Kommunikationskonzept

Cara Glanerschulte

Bibliografische Information der Deutschen Nationalbibliothek:

Die Deutsche Nationalbibliothek verzeichnet diese Publikation in der Deutschen Nationalbibliografie; detaillierte bibliografische Daten sind im Internet über http://dnb.d-nb.de abrufbar.

ISBN: 9783346721198
Dieses Buch ist auch als E-Book erhältlich.

Druck und Bindung: Books on Demand GmbH, Norderstedt Germany
Gedruckt auf säurefreiem Papier aus verantwortungsvollen Quellen

Das vorliegende Werk wurde sorgfältig erarbeitet. Dennoch übernehmen Autoren und Verlag für die Richtigkeit von Angaben, Hinweisen, Links und Ratschlägen sowie eventuelle Druckfehler keine Haftung.

Das Buch bei GRIN: https://www.grin.com/document/1272011

Deutsche Hochschule für
Prävention und Gesundheitsmanagement
Hermann-Neuberger-Sportschule 3
66123 Saarbrücken

Hausarbeit

Name, Vorname	Glanerschulte, Cara
Studiengang	MBA Sport- und Gesundheitsmanagement
Studienmodul	Marketing
Datum Präsenzphase (siehe Ergebnisdokumentation)	13.09.-16.09.2021
Aufgabe	**Erweiterung des Geschäftsfelds eines Unternehmens durch neues Produkt oder Dienstleistung - Marketingkonzept**

Inhaltsverzeichnis

1 VORSTELLUNG DES UNTERNEHMENS+ NEUE(S) PRODUKT/NEUE DIESNTLEISTUNG.. 3

2 MARKTANALYSE.. 4

2.1 **Bestimmung des Einzugsgebietes** 4

2.2 **Analyse des Makroumfelds** 5

2.3 **Analyse des Mikroumfelds** 6

    2.3.1 Betrachtung der Mitbewerber...6

    2.3.2 Kooperationspartner 8

3 STRATEGISCHE MARKETINGPLANUNG 8

3.1 **Marketingziele**..8

3.2 **Marketingstrategie**...9

4 KOMMUNIKATIONSKONZEPT 10

5 LITERATURVERZEICHNIS 13

6 ABBILDUNGS- UND TABELLENVERZEICHNIS.. 15

6.1 **Abbildungsverzeichnis**..15

6.2 **Tabellenverzeichnis**...15

1 Vorstellung des Unternehmens+ neue(s) Produkt/neue Diesntleistung

Bei dem nachfolgend vorgestellten Unternehmen handelt es sich um ein Fitnessstudio im Premiumsegment. Die XY GmbH ist seit zweieinhalb Jahren auf dem Markt und verfügt derzeit über fünf Standorte verteilt in Nord-Westen Deutschlands. Genauer be-trachtet wird der Standort in Gronau (Westfalen).

Der Standort ist seit vier Monaten auf dem Markt aktiv und bietet unter anderem Training auf einer Fläche von 1500qm², Ernährungsberatung, Betreuung von qualifizierten Trainern, Erstellung von individuellen Trainingsplänen, Einzelduschen und -umkleiden, Solarium und einer Wassermassageliege. Des Weiteren bietet das Studio seit Beginn eine Vielzahl von Kursen. Dazu zählen Yoga, JumpingFitness, Zumba und BodyPump und BodyCombat von dem weltweit agierenden Kursanbieter LesMills.

Bei der Anmeldung gibt es die Möglichkeit zwischen dem Basic- und Premiumtarif zu wählen. Der Basictarif beinhaltet das Training auf der Trainingsfläche, Betreuung, Trainingsplanerstellung sowie die Nutzung der Duschen und Umkleiden für 29,90€ monatlich bei einer Laufzeit von zwölf Monaten.

Den Premiumtarif bekommt man für 39,90€ monatlich und kann damit zusätzlich die Getränke, Kurse, Massageliege sowie das Solarium nutzen. Auch hier beträgt die Laufzeit zwölf Monate. Des Weiteren hat man zu Beginn immer eine einmalige Anmeldegebühr in Höhe von 99,90€, 25€ Transponderpfand und eine halbjährliche Servicepauschale in Höhe von 19,90€.

Im Folgenden wird die Einführung einer Kinderbetreuung genauer betrachtet.

Hierfür werden die freien Räumlichkeiten des Gebäudes dazu gemietet und entsprechend umgebaut. Es gibt einen Gemeinschaftsraum, eine kleine Küche sowie zwei Toiletten für Jungen und Mädchen.

Es werden vorerst für die Tage Montag, Mittwoch und Freitag zwei Erzieher/innen von jeweils 08:00 Uhr bis 12:30 Uhr auf Minijob-Basis eingestellt.

Die Kinder müssen immer im Voraus angemeldet werden. Hierfür gibt es feste Zeiten und auch Zeitspannen in denen die Platzzahl auf sechs Kinder begrenzt ist.

Das heißt von 08:00 Uhr bis 09:30 Uhr gibt es sechs Plätze, von 09:30 Uhr bis 11:00 Uhr und von 11:00 bis 11:30 Uhr.

Des Weiteren dürfen die Kinder nicht jünger als zwei Jahre und nicht älter als 6 Jahre sein. Somit entlastet man die Elternteile, welche zum Beispiel noch keinen Kindergartenplatz haben. Sollte das Pilotprojekt gut laufen kann man das Angebot auch auf weitere Vormittage oder auch Nachmittage ausweiten.

Um die neue Dienstleistung zu finanzieren haben die Eltern die Möglichkeit die Kinderbetreuung zusätzlich zur eigentlichen Mitgliedschaft dazuzubuchen.

Die Laufzeit hierbei beträgt nur sechs Monate um es verbraucherfreundlicher zu gestalten. Bei dem Basictarif zahlt man pro Kind und pro Monat 15€ mehr. Das entspricht einen Monatsbeitrag von 44,90€. Den Premiumtarif inklusive Kinderbetreuung gibt es zum Start für 49,90€ moantlich.

2 Marktanalyse

2.1 Bestimmung des Einzugsgebietes

Für die Marktanalyse wird zunächst das Einzugsgebiet (Abbildung 1) bestimmt. Dieses wird anhand der Zeit-Distanz-Analyse ermittelt und es wird eine Autofahrt von maximal 20 Minuten dafür ausgewählt. Aufgrund der kleinen Ortschaften ist es aus den umliegenden Städten gut mit dem Auto zu erreichen und es gibt in der direkten Umgebung kein weiteres Fitnessstudio welches Kinderbetreuung anbietet. Autobahnen wurden hierbei nicht mit einbezogen.

Anmerkung der Redaktion: Diese Abbildung wurde aus urheberrechtlichen Gründen entfernt.

Abbildung 1: Einzugsgebiet (eigene Darstellung)

2.2 Analyse des Makroumfelds

Im nächsten Schritt werden die demografischen, wirtschaftlichen und politisch-rechtlichen Faktoren, für die Makroanalyse, betrachtet. 50,16% der Bevölkerung in Gronau (Westfalen) sind weiblich, wobei das Durchschnittsalter der gesamten Bevölkerung, das heißt männlich und weiblich, bei ca. 41,8 Jahren liegt. Betrachtet man den Kreis Borken und den Regierungsbezirk Münster ist auch hier der Anteil der weiblichen Bevölkerung etwas höher. Davon sind im Kreis Borken 107566 weibliche Personen zwischen 16 und 60 Jahre alt. Dies entspricht 58,60 %. Im Kreis Steinfurt sind von 448.197 Einwohnern 187.784 zwischen 20 und 60 und insgesamt 225.313 weiblich. Von 220.586 Einwohnern im Kreis Coesfeld sind 43,73% zwischen 18 und 54 Jahre alt und insgesamt 111.750 Frauen. In der Grafschaft Bentheim sind von 137.162 Einwohner 49,9 % Frauen und 45% weiblichen Einwohner zwischen 18 und 54. Um den wirtschaftlichen Aspekt mit einzubeziehen wird zum einen das durchschnittlich verfügbare Jahreseinkommen betrachtet. Dies liegt im Kreis Borken bei 22.434€ und im Regierungs-Bezirk-Münster bei 21.597€. Im Vergleich: Eine durchschnittliche Mitgliedschaft in einem Poledance-Studio kostet ca. 70-100€ im Monat. Das sind ca. 5% des Monatseinkommens. Die Arbeitslosenquote ist mit 3,6% im Kreis Borken und 5,5 % im Regierungs-Bezirk Münster relativ gering.

Aktuell sind für die Fitnessbranche keine Gesetze oder Reformen zur Prävention beschlossen worden, die Branche ist aktuell jedoch sehr abhängig von den Beschlüssen der Politik in Bezug auf das Coronavirus.

In der Vergangenheit angeordnete behördliche Schließungen haben auch die Fitnessbranche betroffen und zu mehreren Monaten Schließung geführt. Zum jetzigen Zeitpunkt liegt besonderer Fokus auf das Einhalten von Hygienemaßahmen zur Eindämmung des Virus. Das Coronavirus und die damit eingeforderten Maßnahmen bieten jedoch auch eine Chance für das Unternehmen. Ein passendes Hygienekonzept bietet einen Wettbewerbsvorteil, denn wie aus den Eckdaten der deutschen Fitnesswirtschaft (DSSV, 2021, S.8) zu entnehmen, legen besonders Personen im mittleren und höheren Alter aktuell einen großen Wert auf Hygienekonzepte, da sie sich so sicherer fühlen.

2.3 Analyse des Mikroumfelds

2.3.1 Betrachtung der Mitbewerber

Im folgenden werden verschiedene Mitbewerber in dem zuvor ausgewählten Einzugsgebiet betrachtet. Dazu wurden die drei stärksten beziehunsgweise von vergleichbarer Größe Fitnessstudios ausgewählt.

McFIT liegt räumlich betrachtet in unmittelbarer Nähe und bietet eine Vielzahl an verschiedenen Mitgliedschaften, welche verschiedene Möglichkeiten beinhalten.
Es gibt drei verschiedene monatlich kündbare Flex-Verträge und drei Standardtarife mit einer Laufzeit von zwölf Monaten.
Der günstigste Tarif ist der Basictarif für 19,90€ monatlich mit einer Laufzeit von zwölf Monaten. Dieser beinhaltet das Training in einem Studio, Kurse und Zugang zu der App. Am teursten ist der Flex-Premiumtarif für 39,90€ monatlich. Die Mitgliedschaft ist moantlich kündbar. Man kann in allen McFIT, High5, JOHN REED und Gold's Gym europaweit trainieren. Es sind alle Kurse, der Zugang zur App sowie die Möglichkeit jedes Wochenende Freunde mit zu nehmen inklusive.
Beide Tarife haben bis zum 30.11.2021 keine Anmeldegebühr und eine halbjährliche Pauschale in Höhe von 15€. (RSG Group GmbH, 2021)

Der Konkurrent im niederländischen Einzugsgebiet bietet ausschließlich Mitgliedschaften über einen Zeitraum von sechs Monaten. Das Einsteigerpaket beinhalter für 49,90€ monatlich Zugang zu allen angehörigen Studios weltweit, Kurse, Einführungstraining, Körperanalyse und eine regelmäßige Trainingsplananpassung.

Das All-In-One Coaching Paket liegt bei 99,90€ monatlich und bietet zusätzlich Lifestyle- und Ernährungscoaches, Körperanalysen so oft wie gewünscht, ein 60-minütiges Personaltraining und die Möglichkeit auf Gruppentrainings mit bis zu acht Personen. (Anytime Fitness Germany, 2021).

Die Anytime Fitnessstudios haben, genau wie McFIT, rund um die Uhr geöffnet.

Der dritte Mitbewerber ist die Sport Oase in Ochtrup.

Dort wird neben Rehatraining, Sauna und Wellness auch Kraft- und Boxtraining sowie weitere Kurse angeboten.

Die Öffnungszeiten sind hier eingeschränkter. Sonntags hat das Studio komplett geschlossen, genauso wie Donnerstagsvormittags. Außerdem gibt es an den Wochentagen zwischen 12 Uhr und 16 Uhr eine Mittagspause in der das Studio ebenfalls geschlossen ist. (Seppelfricke GmbH, 2021)

Alle drei Mitbewerber bieten eine ähnliche Auswahl an verschiedenen Dienstleistungen zu sehr unterschiedlichen Preisen.

Vor allem das klassische Fitness- und Krafttraining oder auch Kurse stehen im Vordergrund.

Bezüglich der Öffnungszeiten sind die Studios McFIT und Anytime Fitness etwas verbraucherfreundlicher.

Jedoch wird bei der XY GmbH mehr Wert auf die Betreuung und das Training gelegt und, dass dieses auch bezahlbar bleibt.

Auffälig ist, dass kein weiteres Studio im Einzugsgebiet Kinderbetreuung anbietet. Diese neue Dienstleistung bietet dem eigenen Unternehmen ein Alleinstellungsmerkmal und kann bei den möglichen Kunden mit ein Kriterium sein um sich für das Studio zu entscheiden.

2.3.2   Kooperationspartner

Eine Möglichkeit zur Kooperation wäre die Nutzung der Kompetenzerweiterungsstrategie. Diese wäre von Vorteil, da das Angebot einer Kinderbetreuung die Kompetenzen der Mitarbeiter im Fitnessstudio übersteigt.

Hierzu gäbe es die Möglichkeit bei verschiedenen Kindertagesstätten oder der Caritas anzufragen und gemeinsam verschiedene Optionen herauszufiltern.

Allerdings wäre die große Herausforderung das Finden von Personal und ob hierbei eine Kooperation helfen kann beziehungsweise ob andere Unternehmen personal zeitweise abgeben können ist fraglich.

Ein Vorteil einer Kooperation wäre allerdings die Erhöhung der Reichweite da so um Beispiel in einem Kindergarten auch die Eltern angesprochen werden die vorher noch nicht Kunde im Fitnessstudio waren.

3   Strategische Marketingplanung

3.1 Marketingziele

Als zwei langfristige Marketingziele wurden zu einem die Preispolitik, also eine Erhöhung des Preises, und die Gewinnung von Marktanteilen ausgewählt. Ziel ist es ein größeres Einzugsgebiet zu erschließen und mehr Kunden zu gewinnen. Außerdem wird mit einem höheren Preis häufig auch hohe Qualität assoziiert. Durch das außergewöhnliche Angebot ist diese Erhöhung auch leichter zu rechtfertigen.

Im Zuge der Marketingzielsetzung wird zudem eine Marktsegmentierung vorgenommen. Die Marktsegmentierung ermöglicht es, den heterogenen Gesamtmarkt in Teilmärkte abzugrenzen (Pepels, 2012, S.51) und anhand der Merkmale die passende Zielgruppe für das Produkt zu identifizieren (Zimmermann, 2002, S.82).

Als Segmentierungskriterien werden hier demografische Merkmale ausgewählt (Schlaffke & Plünnecke, 2021, S.132). Das Angebot der Kinderbetreuung spricht vor allem Eltern an. Demografisch betrachtet, bilden vor allem Mütter die Zielgruppe für dieses Angebot. Im Jahr 2020 sind die Mütter bei der Geburt in Nordrhein-Westfalen durchschnittlich 31,4 Jahre alt (Statistisches Bundesamt, 2021) und befinden sich damit im

mittleren Alter. Aus den Ergebnissen des Mikrozensus 2018 des Statistischen Bundes-
amts (2019) ist zudem zu entnehmen, dass in Deutschland 75% der Mütter einer Erwerbs-
tätigkeit nachgehen (Statistisches Bundesamt, 2019, S.27). Sie müssen also in ihrer Freizeit das Fitnessstudio besuchen und gleichzeitig für die Kinderbetreuung aufkommen.
Das Angebot einer Kinderbetreuung in dem Fitnessstudio bietet daher eine passende
Problemlösung für diese Zielgruppe.

Zudem regt die Kombination von Fitnesstraining in Kombination mit einer Kinderbetreuung die Preisbereitschaft dieser Zielgruppe an (Schlaffke & Plünnecke, 2021, S.134). Für
das Unternehmen entsteht kein Nachteil in Form von Kannibalisierungseffekten
(Schlaffke & Plünnecke, 2021, S.134), da die Kinderbetreuung nicht direkt in die Trainingsfläche integriert ist und zudem von Angestellten Erzieher/innen und nicht von Trai-
ner/innen betreut wird.

3.2 Marketingstrategie

Ziel der Marketingstrategie ist es, neue Kunden aufgrund der neuen Dienstleistung zu
gewinnen und so langfristig gesehen den Umsatz zu steigern. Die Zielgruppe besteht aus
allen Müttern und Vätern, welche gerne etwas für Ihre Gesundheit machen möchten aber
nicht die Zeit finden, weil das Kind oder die Kinder nicht untergebracht werden können
in dieser Zeit. Ein Großteil davon ist online und auf Social Media Plattformen unterwegs.
Um sich einen Vorteil zu verschaffen kann die Dienstleistung zum Beispiel zu Beginn
oder in Kombination mit anderen Angeboten im Studio besonders günstig angeboten werden. Des Weiteren wird für das Produkt die Dachmarkenstrategie gewählt. Diese eignet
sich besonders gut für Dienstleistungsunternehmen. Die XY GmbH bietet verschiedene Dienstleistungen beziehungsweise Produkte unter einem Namen an. Die Un-
ternehmensidentität wird so auch gestärkt.

4 Kommunikationskonzept

Das übergeordnete Konzept lautet: Kundengewinnung in der Zielgruppe der Eltern von Kindern zwischen zwei und sechs Jahren durch verschiedene kommunikationspolitische Instrumente.

Nachfolgend wird das erstellte Marketingkonzept erläutert und die Auswahl der verschiedenen kommunikationspolitischen Instrumente begründet.

Bei der Auswahl der medialen Marketing-Kanäle wurden verschiedene Gesichtspunkte beachtet, wie zum Beispiel die Aufenthaltsorte der Zielgruppe „Eltern von Kindern zwischen zwei und sechs Jahren" sowie Freizeitaktivitäten und deren zeitlichen Rahmen. Durch die Platzierung von Plakaten in Kindertageseinrichtungen, Sportvereinen, Kinderärzten und Werbeanzeigen in Elternmagazinen im Sinne der klassischen Werbung, wird die Zielgruppe im alltäglichen Leben angesprochen. Dadurch wird örtliche Bekanntheit geschaffen, das Fitnessstudio und das Angebot der Kinderbetreuung kommt ins Gespräch. Ergänzend werden Online Anzeigen auf beliebten Social Media Kanälen und gegebenenfalls zielgruppentypischen Onlinemagazinen geschaltet. Auf diesem Wege erreicht man die Zielgruppe auch abseits des Alltags in ihrer freien Zeit. Der Vorteil des Online Marketings liegt vorallem im finanziellen, man erreicht mit wenig Budget die vorgegebene Zielgruppe. Zusätzlich positiv zu bewerten am Online Marketing ist, dass gute Angebote schnell mit einem Klick an Freunde und Bekannte geteilt werden und die Zielgruppe in ihrer Freizeit auf Werbung aufmerksamer reagiert als im Alltag, weil sie meist personalisiert angezeigt wird, eben der Zielgruppe entsprechend. Anknüpfend an die klassische Werbung und das Online Marketing wird Direktmarketing vertrieben. Die Zielgruppe wird aktiv vor Ort, durch Promotionseinsatz von ausgebildeten Trainern, angesprochen und es wird ein direkter Bezug zum Studio hergestellt. Die Zielgruppe wird zu einem kostenlosen, unverbindlichen Probetraining eingeladen. Einsatzorte für entsprechende Einsätze wären zum Beispiel der Kindergarten am Elternabend, Kindersportangebote, Einkaufszentren. In diesem Zuge wird auch das Sponsoring eingesetzt und entsprechende Kooperationspartner wie zum Beispiel die örtlichen Kindergärten gewählt um ein Event für Eltern und Kinder gemeinsam zu organisieren bei dem alle Beteiligten sich fit halten können um die gesundheitlichen und psychischen Vorteile eines Fitnesstrainings darzustellen. Bei einem solchen Event wird die Kundenbindung mit bereits bestehenden Kunden gepflegt, Empfehlungen können ausgesprochen werden und das Image des Unternehmens wird familienfreundlich beeinflusst. Auch in Zuge einer Veranstaltung wird eine kostenlose, unverbindliche Testung des neuen Services angeboten und bestenfalls direkt neue Leads erstellt. Ergänzend dazu findet Verkaufsförderung durch entsprechende Verkaufsschulungen der Mitarbeiter statt, um die Vorteile des Angebotes vorzeigen und den Kaufreiz betonen und erhöhen zu können.

In der nachfolgenden Tabelle werden fünf dieser verschiedene kommunikationspolitische Instrumente und deren Umsetzung beziehungsweise Ziel dargestellt und die Auswahl begründet.

Tabelle 1: Umsetzung und Begründung von kommunikationspolitischen Instrumenten (eigene Darstellung)

Kommunikationspolitisches Instrument	Umsetzung	Grund
Klassische Werbung	- Plakate und Zeitungsanzeigen	Erreichen von Zielgruppe, welche nicht auf Social Media aktiv ist - Liefert Kaufgrund
Verkaufsförderung	- Internes Verkaufsstraining für Mitarbeiter - Gutscheine verschenken	- Erhöhung des Kaufreizes
Direktmarketing	- Direkter Kontakt zum Adressaten - Ansprache bei Promotion oder am Telefon	Persönlicher Aspekt und Kundenbindung
Sponsoring	- Event veranstalten - Kooperationspartner wählen und Kontakte pflegen - Neues Produkt vorstellen	- Kontakte pflegen - Kundenbindung stärken - Positives Image des Unternehmens pflegen
Online	- Werbung online schalten - Präsenz auf Social-Media-Kanälen	- Mit wenig Budget eine große Zielgruppe erreichen

Die Instrumente können bei dem Konzept cross-medial wie folgt zusammenhängen: Es wird Werbung in Zeitungen, auf Plakaten und Social Media geschaltet. Dort wird auch die anstehende Promotion mit Gewinnaktion und das Event beworben Bei der Promotion werden Gutscheine für zum Beispiel eine Schnupperstunden oder ähnliches was die Leute in das Studio lockt verlost. Dort hat man bereits den ersten direkten Kontakt zum Kunden. Die generierten Leads werden später abtelefoniert dort hat man bereits eine zweite direkte Ansprache. Als Abschluss, um das neue Produkt vorzustellen, wird ein Event geplant an dem außerdem das ganze Studio vorgestellt und das Image sowie Kontakte und die Kundenbindung gepflegt werden. Dieses Event wird auch auf den Social-Media-Kanälen der Kooperationspartner, wie zum Beispiel den Firmen für Licht, Sound etc. die für Video- und Bildmaterial, geteilt und man profitiert gegenseitig von der Reichweite.

Für das Marketingbudget werden zwei Prozent des Jahresumsatzes verwendet. Der Jahresumsatz liegt bei 200.000€ und das Budget demzufolge bei 4000€.

Ein Großteil wird für die Werbung im Voraus eingeplant. Vor allem die Anzeige in der Zeitung wie die Plakate nehmen reichlich Budget ein. Geringer fallen die Kosten für die Onlinepräsenz aus.

Außerdem muss für die Promotion Personal eingeplant werden und es müssen bedruckte Gutscheine bestellt werden. Das Event oder auch „ Tag der offenen Tür" beansprucht eher weniger Kosten da einiges durch Koopertationen eingeplant werden kann. Jedlich das Personal sowie zum Beispiel Getränke müssen einkalkuliert werden.

Alle Kosten sind in der nachfolgenden Tabelle aufgelistet, wobei ein Puffer in Höhe von 500€ über bleibt für eventuell ungeplante Ausgaben, Dekoration oder ähnliches

Tabelle 2: Verteilung des Marketingbudget (eigene Darstellung)

Maßnahme	Kosten
Zeitungsanzeige	1000€
Plakat	800€
Werbeanzeigen Online	500€
Personalkosten für die Promotion und den Tag der offenen Tür	500€
Flyer/ bedruckte Gutscheine	400€
Getränke	300€

Zwei weitere Controllingmöglichkeiten sind die Jahresplankontrolle und die Effizienzkontrolle.

Bei der Jahresplankontrolle wird geprüft ob die geplanten Ergebnisse erreicht werden und bei der Effizienzkontrolle werden Aufwendungen abgeschätzt und man kann entsprechend Verbesserungen vornehmen.

5 Literaturverzeichnis

Anytime Fitness Germany (2021): *Mitgliedschaften;* Zugriff am 30.11.2021 13:30 Uhr; Verfügbar unter: https://www.anytimefitness.de/mitgliedschaften/

DSSV e. V. – Arbeitgeberverband Deutscher Fitness- und Gesundheits-Anlagen (Hrsg.). (2021). *Eckdaten der deutschen Fitnesswirtschaft 2021.* Hamburg (Hrsg.).

Gronau: *Statistik.* Aufgerufen am 19.10.2021. Verfügbar unter: https://www.gronau.de/rathaus/ueber-gronau/zahlen-daten-fakten/

Information und Technik Nordrhein-Westfalen (2011): *Fortschreibung des Bevölkerungsstandes auf Basis des Zensus.* Aufgerufen am 19.10.2021. Verfügbar unter: https://www.kreis-steinfurt.de/kv_steinfurt/Ressourcen/Statistik/Bev%C3%B6lkerungsdaten.pdf

Kreis Borken (2021): *Statistik Online.* Aufgerufen am 19.10.2021. Verfügabr unter: file:///C:/Users/carag/Downloads/Bevoelkerung.pdf

Pepels, W.(2012). *Handbuch des Marketing* (6, überarbeitete und erw. Aufl.). München: Oldenbourg.

RSG Group GmbH (2021): *Mitgliedschaft.* Zugriff am 30.11.2021 13:30 Uhr. Verfügbar unter: https://www.mcfit.com/de/mitgliedschaft/?_gl=1*1nuowfk*_up*MQ..&gclid=Cj0KCQiAtJeNBhCVARIsANJUJ2E-zUf6kGlQC8CUw8LyWeIE4hvZiu1CmIUM-cOOV0FdgBO5Pl_qRuU6caAr2dEALw_wcB

Seppelfricke GmbH (2021): *Sport Oase. Home.* Zugriff am 30.11.2021 13:30 Uhr.Verfügbar unter: https://www.fitnessstudio-sport-oase-ochtrup.de/

Statistisches Bundesamt (2021). *Daten zum durchschnittlichen Alter der Mutter bei Geburt insgesamt und 1. Kind nach Bundesländern.* Zugriff am 30.11.2021, verfügbar

unter   https://www.destatis.de/DE/Themen/Gesellschaft-Umwelt/Bevoelkerung/Ge-
burten/Tabellen/geburten-mutter-alter-bundeslaender.html

Statistisches Bundesamt (Hrsg.) (2019). *Kinderlosigkeit, Geburten und Familien – Ergebnisse des Mikrozensus 2018.* Wiesbaden (Hrsg.)

Schlaffke W., Plünnecke A. (2021). *Studienbrief Marketing* (rev.25.022.000). Saarbrücken: Deutsche Hochschule für Prävention und Gesundheitsmanagement.

UrbiStat S.r.l (2021): *Karten, Analysen und Statistiken zur ansässigen Bevölkerung.*
Aufgerufen am 19.10.2021. Verfügbar unter: https://ugeo.urbistat.com/AdminS-
tat/de/de/demografia/eta/grafschaft-bentheim%2c-landkreis/3456/3

UrbiStat S.r.l (2021): *Karten, Analysen und Statistiken zur ansässigen Bevölkerung.* Aufgerufen am 19.10.2021 unter: https://ugeo.urbistat.com/AdminStat/de/de/demogra-
fia/eta/coesfeld%2c-kreis/5558/3

Zimmermann, M.(2002). *Standortplanung für Dienstleistungsunternehmen. Das Veispiel
für multifunktionelle Sportanlagen.* Wiesbaden: Deutscher Universitäts-Verlag.

6   Abbildungs- und Tabellenverzeichnis

6.1   Abbildungsverzeichnis

Abbildung 1: Einzugsgebiet 5

6.2   Tabellenverzeichnis

Tabelle 1: Umsetzung und Begründung von kommunikationspolitischen Instrumenten 11

Tabelle 2: Verteilung des Marketingsbudget 12

BEI GRIN MACHT SICH IHR
WISSEN BEZAHLT

- Wir veröffentlichen Ihre Hausarbeit,
  Bachelor- und Masterarbeit

- Ihr eigenes eBook und Buch -
  weltweit in allen wichtigen Shops

- Verdienen Sie an jedem Verkauf

Jetzt bei www.GRIN.com hochladen
und kostenlos publizieren